# 어느 학인의 자화상 自畫像

윤사순 시집(5집)

# 어느 학인의 自畫像
# 자화상

유림플러스

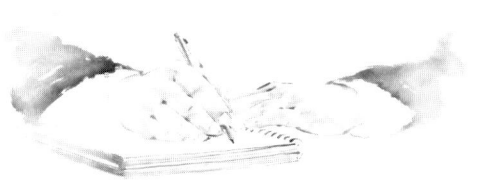

책머리에

  공부 삼아 시 쓴다는 구실, 필자에겐 여전히 유효하다. 그 구실로 이어진 다섯째 묶음을 꾸렸다.
  이나마 시 쓰는 방법을 넌지시 암시해준 분들의 친절에 힘입은 바 크다. 고마움을 극진히 표하지 않을 수 없다.
  매우 부족하기는 전과 같지만, 앞으로도 관심 이상의 질정 계속되길 바람은 곧 염치없는 필자 개인의 행복 바람이다.
  달리 도움을 주신 모든 분들에게도 정중히 머리 숙인다.

2023. 2. 1.

**윤사순** 삼가 씀

# 차 례

제1편
상사화

| | |
|---|---|
| 떡국 먹으며 | 13 |
| 봄 내음에 | 14 |
| 미리 쓰는 봄 편지 | 15 |
| 꽃과의 대화 | 17 |
| 상사화(相思花) | 18 |
| 장미꽃 길 | 19 |
| 나팔꽃 | 20 |
| 꽃들의 환희(歡喜) | 21 |
| 성북천 정경 | 22 |
| 산책길 변고 | 24 |
| 은행잎 낙엽 | 25 |
| 홍시의 추억 | 26 |
| 함박눈 맞으며 | 27 |

제 2 편
하늘바라기

| | |
|---|---|
| 철이의 엄마 생각 | 31 |
| 빗물 따라 꾸는 꿈 | 32 |
| 예던 길 | 34 |
| 아련히 그리운 이들 | 36 |
| 무심결에 쓴 손편지 | 38 |
| 하늘바라기 | 40 |
| 밤바다 | 41 |
| 나 | 43 |
| 내 안의 친구 | 45 |
| 노승(老僧) | 47 |
| 노자의 좌망(坐忘) | 49 |
| 호주머니의 노래 소리 | 51 |
| 뫼, 설아(雪峨) | 52 |

**제 3 편 속세살이**

| | |
|---|---|
| 새 아침 | 57 |
| 삼각산을 바라보며 | 58 |
| 해 돋는 내일을 그리며 | 60 |
| 투명하게 번지는 소리 | 61 |
| 한껏 투명하라 | 63 |
| 속세살이 | 64 |
| 발등에 떨어진 불 | 66 |
| 어찌 이런 일이 | 67 |
| 금강송 담론 | 69 |
| 젊은 할미 | 71 |
| 젊음을 노래함 | 72 |
| 무정 유감 | 73 |
| 가을 얼굴 | 75 |
| 쓴맛 단맛 | 77 |

## 제4편 자화상

| | |
|---|---|
| 자화상 | 81 |
| 늙음의 찬가 | 83 |
| 귀촌한 자연인에게 | 85 |
| 어느 노인의 오수(午睡) | 87 |
| 낙서(落書) | 88 |
| 덤 인생 | 89 |
| 비창(悲唱) | 91 |
| 가을에 세월을 | 92 |
| 어깨동무 | 94 |
| 패자의 회한 | 95 |
| 느티 한 그루 | 96 |
| 손자 친구 | 97 |
| 만학도(晚學徒) | 98 |
| 북한산 입산기 | 100 |
| | |
| 뒷말 | 102 |

떡국 먹으며 / 봄 내음에 /
미리 쓰는 봄 편지 / 꽃과의 대화 /
상사화 / 장미꽃 길 / 나팔꽃 / 꽃들의 환희 /
성북천 정경 / 산책길 변고 / 은행잎 낙엽 /
홍시의 추억 / 함박눈 맞으며

## 제1편

윤사순 시집
상 사 화

## 떡국 먹으며

푸짐하게
김 오르는
노란 놋대접 하나

숟갈 모양과 어울릴
살짝 갸우러진 동그라미
떡국 떡
정겹다

어려서부터 늘
입안 맴도는
맛의 고향

야릇하고도 매끄럽게
입맛 돋구는 너

새해 아침
멋쩍게 먹는 나이가 되레
무색해지누나

(2022. 2. 1.)

## 봄 내음에

가파도 마라도 탈 없이 제일 먼저
봄 내음 잡아놓는 탐라
지금쯤 그 바람 그 모습일 듯
보고프다

코로나 얹은 미세먼지가 그리움 가리는
'삼한사미(三寒四微)' 속에서
세한도(歲寒圖) 그릴망정 뜨는 발길
늘 원심력보다 구심력 편이다

달력에 매인 삶이 가장 문제지만
딸린 것들 떼어놓고 떠나기도
돌 짝에 발 뿔 채인 아픔 참기만큼
어려운 일이다

해도, 만에 하나
로또 터뜨릴 행운으로
여친 하나쯤 동행해준다면야
탐라보다 더 먼 덴들
새 향기 '봄내'만큼 좋은 구실
또 있을까

(2022. 2. 24.)

* 필자는 홀로 된 지 십 년 되었음.

# 미리 쓰는 봄 편지

지난 겨울이 딴엔 유난히 길었습니다
봄 기다림, 안달까진 아니어도 남모르게 속셈하듯
재촉한 탓이었을 겁니다

기어드는 햇살에 실려 온 온기 아니었다면
왜 봄을 아쉬워했겠습니까만
들쭉날쭉 날씨 또한 봄날 짓거리고
살갗에 스치는 잔물결 같은 바람결엔 멀리
회색빛 대지에서
갓 솟은 풋 푸른 내음도 안개처럼 이는 데야…

꽃 필 날 아직이건만
버들가지 부푼 금빛 물오름만으로도
한 시인은 벌써 자연이 내는 경이로운 황홀감에
취한답니다

무딘 감성으로야 어이 곧은 선비 취향의 매화 바랄까만
추위 견딘 나목의 두터운 외투 헤집고 피어난
하-얀 '목련'쯤
어렵지 않게 그립니다

하, 백옥 같은 목련의 화사함 속인의 분에 넘친
호사라면
예대로 고향 산 뒤덮던 '진달래'가 제격일까요
하지만 재채기 내는 먼지 탓인지

진달래도 이젠 그제와 같지 않은 듯
꼭 저세상으로 떠난 옛 고향 친구 같아서요

겨우 꽃 몇 송이 올리다가 봄맞이 끝내는 꼴이지만
아직 오지도 않은 봄 타박하는 투 일까봐
이만 하겠습니다
산수유든 유채꽃이라도 피면 또 하겠습니다

(2022. 3. 5.)

## 꽃과의 대화

티비 꺼져있 듯
사람 소리 없는 거실

남녘으로 낸 창틀 따라
매일 한 번은
햇살 든다

음달이라야 산다는
흰 나리 화분에선 막
꽃송이 하나 환한 웃음으로
기린의 목 치레 했다

사랑한다는 말 모르는 사람
'곱다'는 말인들
굴리겠나

엷은 시선으로 보내는
마음의 소리뿐

'너도 홀이더냐'
'안 됐구나'
'옌, 벌 나비마저 없는 곳이란다.'

(2022. 5. 27.)

## 상사화(相思花)

꽃이 스스로 꽃인 줄 알면
고운대로
잠들 수 있을까

먼 옛날 바람 따라 떠난 님
이젠
흘러간 세월만큼 성숙했을까

그리움은 가물가물 추억으로
꾸려내는
전설이련가

밤사이 활짝 핀 새 하얀 꽃무릇에
님의 얼굴 담길 줄
난
왜 몰랐을까

(2022. 9. 26.)

## 장미꽃 길

개천 갓길, 겹겹이 만나는 장미
보름달 얼굴로
한 낮 밝음 더 눈부시게 한다

지나는 어린이들
본체만체다
저희가 방금 피어나는 꽃이려니

한껏 치장한 여인네들
눈에 띄자마자 감탄 연발
잊은 동창 만난 듯 어쩔 줄 모른다

등 굽은 백발
발걸음 잠시 주춤인다
지난날 한 때 회상이라도 하는가

단 한 번 지나치는 인생 길
꽃길이길 바래
장미를 누군가 다발로 줄 세웠구나

(2022. 9. 17.)

# 나팔꽃

햇살 펴는 맑은 아침
이슬 얹은 나팔꽃
담장 넘누나

가냘픈 줄기로 덩쿨 감싸 안음
여린 삶끼리 터득한
슬기더냐

이슬 마르기 전
꽃잎 접으려는 짓
수줍음 타서냐
잠시의 햇살 받이로 행복 다해서냐

무심한 숨결에 깃든 네 진홍의
나팔 소리
알아듣지 못하는 마음의
아픔일줄이야

꽃 다이 피었다
꽃 다이 지는
너의 단아함에서 인
고향길 아련한 추억은
네 고마운 선물이었다

(2022. 8. 27.)

## 꽃들의 환희(歡喜)

계절 내음에 눈 뜬 꽃송이
고운 색에 향기 더할
꿈 꾸었나

하늘 나는 종달새
꽃 같은 노래
향기로이 부른다

청력 잃은 악성(樂聖)
시로 쓰인 '환희'의 세계를
음률로 새기더니

음률 지금
화사한 꽃잎 사이사이로
굽이친다

굽이치는 흔들림에
시인도 감긴 눈하고
몸짓
한껏 어르누나

(2022. 4. 2.)

## 성북천 정경

선녀들 노닐던 자리, 바위보다 더한 무게로
짓누르던 덮개 걷자
폭풍처럼 쏟아진 바람이
도심의 실개천 물길을 예대로 살렸다

갓길에 줄줄이 꽂은 벚나무쯤
오백 년 역사의 유산으로
동네 싸안는 성벽과 어울릴까

여름내 갓길 따라 피어나던 장미가
되레 개천의 얼굴인 듯
푸짐하게 웃고 있더라

단풍 지는 상큼한 바람 탓인가
가다 쉬다 하는 등 굽은 노인부터
씩씩한 속보
가벼운 달리기까지
하고많은 길손들 단골처럼 노닌다

풀 내음 물길과 어우러진 정취
그제의 선녀들마저
하나씩 하나씩 내린다
하얀 백로 되어 내리는 선녀들이다

(2022. 11. 11.)

## 산책길 변고

어둑한 방 벗어나자
탁 트인 개천 갓길이다
입마개 벗고파 오가는 사람 눈치껏
바람 틈새 벌려야 시원하다
비좁은 산책로
사람끼리 거리 두기 못한 채
강아지 피할 몸짓까지 하자니
편할 새 없다
물 위 느긋이 떠돌다가 곤두질로
흔들어대던 오리
오늘은 뵈지 않는다
황금연못 금붕어들도
온데간데 없다
오가며 눈길 줘온 저들의 불길한 예측
애닳아한들 변할 게 있으랴만
발걸음, 바람 빠진 듯 주춤거리더니
그만 되돌린다

(2022. 2. 10.)

## 은행잎 낙엽

단풍 겨운 늦가을
금빛 고아한 은행잎 정취로
길손의 눈길 모은다

짙은 내음의 열매들
벌 나비 없이
어이 맺었던가

겪어온 사연 입막음인 채
금빛 낙엽
고추 세운 자세로
빙글빙글 여유로이 돌아가며
내리누나

우람한 몸체 떠나는
이별의 순간에도
매끄러운 윤기 잃지 않는
이파리들

향기로운 너희
곱살한 맵시가
꼬리 짧은 가을의 품위를 한결
돋뵈도록 추켜 주누나

(2021. 11. 17.)

## 홍시의 추억

구름 타고 하늘 벗 삼던 참
빛바랜 명함 뒤지듯
묵은 추억 꺼낸다

지내 온 자취 건지기
소년 시절까지 가기 일쑤

한사코 오르지 말란 나무 타고
말랑말랑
빨갛게 입맛 다시던 아이

홍시에 매달린
추억
하늘에 뜬
반짝이는 '낮별'인데야

(2022. 11. 16.)

# 함박눈 맞으며

흩날리던 성근 눈
함박의 길라잡이였구나

펑펑 멋스러이 부어보라
받을 잔 없어도
취할 순 있다

가지마다 흐드러진 설화
너의 무게로 온 누리가
가라앉겠구나

눈부시게 맑은 순백의 숨결
참 오랜만에 만나는
소꿉친구의 졸던 모습이구나

(2022. 1. 16.)

철이의 엄마 생각 / 빗물 따라 꾸는 꿈 /
예던 길 / 아련히 그리운 이들 /
무심결에 쓴 손편지 / 하늘바라기 /
밤바다 / 나 / 내 안의 친구 / 노승 /
노자의 좌망 / 호주머니의 노래 소리 /
뫼, 설아

제 2 편

윤사순 시집
하늘바라기

## 철이의 엄마 생각

초교 3년짜리 철이
숙제 무겁게 안고 짝궁과 헤어져

아파트 문 열며 목마른 소리로
"엄마"했으나
대답 없다
거실 주방 어디에도 안 뵌다

간 곳은 궁금치 않다
"왜 말없이 지금 여기 없냐"가
문제다

누나의 조롱 따돌리려 급히
뒤돌아섰지만

눈시울엔 어느새 훔친
물 자욱이
슬픔처럼 역력하다

 (2022. 10. 22.)

# 빗물 따라 꾸는 꿈

가뭄 끝에 내리는 비
반갑다만
엿새째면 장마다

부슬비였다가 장대비
멈추다가 다시 내리는
변주곡 연출

맞을 만큼 맞고
젖을 만큼 젖는다

흠씬 젖은 몸 맑은 물에 깊숙이 잠기면
마음 또한 투명해질까
그럴 거면 잠수부 안된 게
한이겠다

아 퍼붓듯 쏟아지는 폭우마저
작은 치마 한 폭으로 가려주느라
함께 떨던 여인

꾸러기의 젖은 빗물
살갗 다 닳도록 닦아내던
볼멘 아낙
아프다는 녀석 그리 미워서였나

그칠 줄 모르고 내리는 빗줄
줄기 따라 꾸는 한 아름
꿈이
눈물처럼 서럽다

(2022. 7. 2.)

# 예던 길

멀리 허공 가르는 날틀 하나
순간을 쪼개 달아난다

개천 가 오솔길 따라
바삐 사는 삶
잰걸음들로 가득하다

마음 안 길 헤치는 그이도
어제까진
재촉하는 삶이었다

어쩌다가 거북보다도 더한 느림이
친구처럼
떠나질 않았을 뿐

느림이라야 맞춤인 일자리 찾다가
어렵사리 들어선
'예던 길'
그 길이 되레 자랑스럽단다

별빛 따른 이들과 함께라면
아무리 느려도
갈 데까지 갈, 흘러가는
바람 때문이란다

(2022. 6. 18.)

*예던 길이란 옛 선현들이 다니던 길을 뜻함

## 아련히 그리운 이들

눈발 없이 마른 겨울날
벗과 함께한 발길
'두물머리'에 이르렀다

삭풍 맞는 나목, 고장 지킴이
우람스레 늙어온 400여 년의 고독
'느티나무' 한 그루로
풍경 꽉 채운다

역사의 상흔이었나
속들이 칼 댄 자국
몸통은 부지하니
다행이랄까

바람결보다 더 넓게
강폭 가득이 담아내는 두 줄기
아리수
맑게 출렁이는 물결
밝은 햇살에 어지러이 반짝인다

아, 오늘처럼 여기 왔을
'선비들'
다산(茶山), 화서(華西), 의암(毅菴)
빛나는 저 물결에 스민 숨결이
아련히 그리운 날이다

(2021. 12. 15.)

*서연호 학형의 배려로 바람 쐰 날이었다.

## 무심결에 쓴 손편지

종일 달구질로 볶는 날씨조차 모를
잇단 재채기, 등판 오싹하는 '콧바람'
어느 틈새로 닥쳤나

세상 온통 바이러스로 신음하는 판에
낸들 어이 초연하랴
유행마다 마다않는 동질감 안고
방콕 연속이 처방이려니

탁한 두통에 일손 다 놓고야
하안거(夏安居) 차롄 줄
알겠더라

겨우 두 날을 못 참고
더듬어리 쓰는 버릇
뜬구름 머물 듯 갈 곳 없는 손편지다

몇 자 적었지만, '그리움' 눈 가려
바람 따라 떠돌다
무심결에 사라질 사연

왜 이럴까
아서라 그만둘 일이다
면벽 파기한 선승(禪僧)의 탈선이거니

(2022. 8. 28.)

## 하늘바라기

무더위 아직 발치서 맴돈다

하늘 너비대로 흐터진 구름
사이사이 틈새로
들락이는 푸른 눈짓

햇님 또한 바람 없는
고요에 휘감겨
졸고 있다

움직이는 그림, 구름에 빠진
'하늘바라기'
열린 하늘 푸름에 눈길 보내듯
허공에 나를 던진다

선 채로 굳어진
입상(立像)
반가(半跏) 사유상(思惟像)과
닮은 데가 있다

(2022. 6. 7.)

# 밤바다

밤이면 밤 따라 노니는
밤바다
달빛 그리는 잔물결로
가벼이 몸 푸누나

어찌하려고
이만큼 크게 모여
하나 된 '물 모임'이더냐

천만년 우러르다
하늘 닮아 무색으로 되었나
천 길 만 길 깊이도
무색일까

붕새 나르고, 별주부 넘나들고
고래 떼지어 몸 풀던
인당수
때로 칠흑으로 물든 건
무슨 까닭이더냐

물결 나부대는 춤사위로 가린 속내
뉘 알까만, 평생 만삭된
몸짓으로 지새워온
밤바다

이제 곧 종착역 '여명'이라면 너
뭘 어찌할래
밤새 애써 간직한
그 '투명' 실상만 뵈 줘도

(2021. 11. 9.)

# 나

홀로인 짬에 만나는 '이'
나눌 말 없어도
사연은 숱한 사이

졸음 오면 물러가고
잠 깨면 어느새
와 있는 '그'

기쁘고 즐거울 땐 사라져도
아프고 괴로울 땐
짐스레 버거운 '나'

한 백년 살자던 님 떠나도
기약 없이
함께하는 '너'

둘이면서
결코 헤어질 수 없어
하나로 통하는 '내 안의 나'

함께 겹살이 해야 할 운명을
'홀로'라 홀살이 해
늘 외로울 밖에

(2021. 12. 7.)

## 내 안의 친구

기쁠 땐 그림자 지우듯 사라졌다가
슬플 때면 눈물 타고 나타나는 친구

낮과 밤 가리듯 희망과 절망 변별하는 예지로
암흑이 장막으로 내일을 가리는 날엔
종일토록 떠나지 않는 너

고독 속에 갇힌 가슴앓이까지 알아채고서
옳고 그름 가름해 늘 고독 나누며
양심으로 친해진 사이

내 삶의 밑기둥 같은 받침목
차라리 너 하나라고 한들 어떠랴
어차피 얼굴 하나로 가는 쌍두마차인 걸

인생 종착역의 문턱에까지 함께 할 우리지만
항상 나 하나로 살아가게 하는
분신 같은 동반자

지금이라도 이 사실 공표하면
놀라는 이들 많을까
아예 없을까
인구만 갑절 는다는 건가

(2022. 11. 30.)

# 노승(老僧)

보일 듯 말 듯
숲속의 기울어진 암자 하나
노승(老僧) 홀로 지킨다

청산과 함께 한 근 백년의
묵좌로
굽은 그의 등엔

스쳐 간 세월의 그림자가
바위보다 더 묵직이 쌓였지만

무상(無常) 번뇌(煩惱) 다 태워
투명하게 빛나는
눈매에선

꽃술에 안긴
벌 나비, 꿀맛 취해 춤추듯

자비(慈悲) 이름의 슬픈 사랑이
여름날 낙화처럼
뚝뚝 묻어난다

(2021. 12. 11.)

## 노자의 좌망(坐忘)

하고많은 세월 나이테에
넘긴 인생
노자가 따로 없다

늘 푸름 벗 삼길 소망하던
청산은 어데 가고
회색 빌딩 장막인가

혼밥 혼잠 익힌 홀몸
몇 년째 집콕에 방콕이니
딱 면벽(面壁) 간화선(看話禪)
차례다

속셈이야 구름 따르는 떠돌이여
눈길 늘 창밖에 두려지만
구름마저 온 하늘
가린다

차례 따라 뭐 하겠나

오직

묵언(默言) 좌망(坐忘)으로

족할 거다

(2022. 1. 10.)

*면벽(面壁)과 간화선(看話禪)은 불교의 수양법이고,
  좌망(坐忘)은 노자(老子)의 수양법임.

## 호주머니의 노래 소리

머리 희고 허리 굽어
참견할 일
거의 없다

노파심이야
태산 넘어
나랏일 걱정까지란다

전화 소리 키운들
울림 없어
먼 산 바라기다만

곤두세운 촉은
오직
귀 기울임

종일토록 호주머니서
울려 올
노래 소리 뿐이란다

(2022. 1. 20.)

## 뫼, 설아(雪峨)

어제도 오늘인 고향의 뫼 설아
흙과 바윗돌 골라 소백(小白)의 맥 잇고
뾰족이 올린 봉우리 삼 형제
멋이거니

흔적이 추억 낳고
추억이 세월을 겹겹이 더한
역사(歷史)거니

불의 참지 못한 의혈의 패기
목숨 걸고 정절 지킨 열녀의 혼백
모두 다 차곡히 간직한
전설(傳說)이거니

지축에 뿌리 한 우람한 무게
솔숲 속들이 스민 생명력으로
하늘이 무너져도 꿈적 않을
기개(氣槪)거니

우공(愚公)의 끈기엔
두려워할 줄 아는 겸허하고
우아한
님이거니

(2022. 6. 3.)

\* 愚公은 끈기로 山을 옮겼다는 전설의 인물임.

새 아침 / 삼각산을 바라보며 /
해 돋는 내일을 그리며 /
투명하게 번지는 소리 /
한껏 투명하라 / 속세살이 /
발등에 떨어진 불 / 어찌 이런 일이 /
금강송 담론 / 젊은 할미 / 젊음을 노래함 /
무정 유감 / 가을 얼굴 / 쓴맛 단맛

## 제 3 편

윤사순 시집

속세살이

## 새 아침

날이 밝는다
붉어지는 하늘
해님의 눈빛 아니더냐

빨간 얼굴
둥그러니 내밀곤
보란 듯 떠 오른다

눈부시게 퍼져나는 햇살
온 누릴 환-히
열어 제친다

시원하게 불어오는
새벽바람

아랑곳 않고
어느새 다 함께 손잡은
'한 우리'

새날
새 아침이란다

(2022. 12. 14.)

*기원하는 마음 담아

## 삼각산을 바라보며

북한산이더냐 삼각산이더냐
화려해 일컫는
화산(華山)까지 셋으로 뜬 하나구나

자리 터로 가린 북한산보다
뿔 수로 뽑은 '삼각산'이 왜 더
바람 타는지
세 뿔 이름이 뇔 만 해설까

하늘(天) 높이 구름 제치고 오른 백운대
땅(地) 위 뭇 경관 한 몸에 지닌 만경대
세상사람(人) 다 사랑으로 보듬는 인수봉

세 뜻(三才) 고스란히 밴
사상(思想)의 높이
뫼 높이보다 더 하구나

만경대(萬景臺)엔
나라 둘러보는, 국망(國望) 눈 지녔거늘
고난의 역사 함께 했듯
내일의 영광도 함께 할 너에게
간절한 '바램' 뇌마

뿔 셋 하나로 어우러지듯
남과 북, 백두와 한라
'하나로 어울릴' 그날
어여 당기자면
너완 상관없는 일이라 하진 않겠지.

"다시 보는 삼각산아"

기적 같은 그 큰 소망
안타까이 손 모으기 시작한 게
언제부터더냐

너-무 길어지누나
이럴 게 아님
넌들 어이 모르겠냐만

 (2022. 7. 13.)

## 해 돋는 내일을 그리며

말로만 듣던 이상기후
사철 마디 무너짐으로도
알만하다

삶의 마감치 남긴 인간이야
외상 빚 셈하면 그만이지만
뒤이어 올 세대들 걱정이
태산이다

닥칠 재앙의 참혹상 어찌할까
질병 고통 죽음
폐허로 종지부 찍을 '생지옥'을

죽은 뒤에라도 가기 싫은
'지옥'엘
살아 생으로 간다함은 천만부당

해맑은 눈매로
다 함께, 해 돋는 내일 기약할
'잔불' 급히 일으켜
타는 '횃불' 무더기로 터뜨리길

(2022. 8. 23.)

## 투명하게 번지는 소리

하늘 푸름이 투명의 높이고
바다 푸름 투명의 깊이다

두 투명에 걸친 인간아

바다 밑 깊은 잠수로 칠흑의 암투 벌이고
하늘 나는 빼어난 비상으로 사투 겨루는 짓거리
죽음의 행진일 뿐이다

불의로 얼룩진 가면 깨끗이 벗는
자기 자각의 초탈만이
참 투명일 수밖에, 인간이라면
바람처럼 허허로이 비어 빛나고
물결처럼 채워진 멋에 춤추는
치장 없이 절로 된 투명이라야
푸르러질 터

끊일 듯 끊이지 않고 면면히 울려오는 소리
투명을 푸름 넘치도록 채우는 역사
역사의 소리 언제야 울릴까

(2022. 3. 15.)

* 이는 『율곡』, 제86호, (율곡연구원, 2022 가을)에 게재된 것과 같은 것임. 그런데 필자의 착각으로 이 교정본을 집에 둔 채 거기에는 비수정(초본)을 주어 크게 실수했음을 이 자리에서라도 거듭 사과한다.

# 한껏 투명하라

막힘 없어 투명인가
거리낌 없어 투명인가

하늘과 바다로
바다와 하늘로

눈길 가는 대로, 보이는 그대로
천리안인들 알까
투명이 안겨오는 참 맛을

꿰뚫어 볼 수 있는 이 괴력
푸르고 푸르도록
한껏 투명하라
푸름도 본디 네 색깔 아닌 바에야

(2022. 8. 10.)

# 속세살이

햇살이 숲 사이 헤매는 산속
자연인 길(道) 닦고프단다

애당초 속세 왜 구정물 버리듯 했던가
인간 사이 엉긴 오해와 갈등 때문이어라

하면, '길 닦기' 한 번 해보세나
오해 갈등 없애자면
백지 마음, 아니 백마저 날린
'투명한 마음'이어야

목숨 부지하는 한
마음 자체가 욕심 덩이인데
어이 그럴 수가

목숨 줄에 달린 욕심이라면 모르되
'넘치지 않고 모자라지도 않고', '상하좌우 어디로도
기울지 않는'* 공정(公正)한 마음 가짐이면야

공정은 '의(義)'로도 통하니

참 공정이란 하나의 '빈 마음(空心)'
빈 마음은 '투명'이고
'무욕(無慾)'이자 '바른 길'인 셈이라

하-, 길 닦기 어디 따로 있던가
속세 살이 버거움
그게 본디
'닦기 나름'인가 보이

(2022. 3. 19.)

\* 『中庸』 제2장에 "不偏不倚 無過不及"이라 했음.
\* 이는 『철학과 현실』, 133, 철학문화연구소, 2022 여름, 「권두시」로 게재된 것임.

## 발등에 떨어진 불

어둠이 내려야 뜨는 별처럼
빛나도 뜨겁지 않은 반딧불처럼,
실없이 살다 늙었다만

민주의 대척, 독재는 거부해왔다
독선 독단에 맞서며
공론 공화 협치 지향에로
발걸음 함께 했다

너나없이 주인행세 당연하다만
향방 없이 나대는 선동
정녕 누굴 위함일까

헐뜯기 파열하기
냉혈적 쟁투 일변도로야
밝은 내일 어찌 입에 올리겠나

인간임 스스로 부끄럽지 않게 할
인간성 회복
아무리 어렵다 한들
발등에 떨어진 불인데야

(2022. 4. 30.)

## 어찌 이런 일이

많이 배우고 크게 똘똘한 치들의 꾀부림엔
에이아이 비상하게 갖춘 로봇도
못 당할 거다

범행 사실 여부 묻는 질문에
'사법 당국에서 부른 적 없다'
직무 그림자인 천문학적 자금의 부정 혐의엔
'기억 없다, 모르는 부하가, 압력이 한 거다'로
사래질하는 꼴불견 말이다

괴변이랄 수조차 없는
도망칠 구멍으로 둘러대며
한사코 속임수로 방패 치는 어거질
어이 할까

양심이 통탄하다 윤리도덕 안고 졸도할
하늘과 땅 뒤바꿀 거짓을
무지막지 아니고야
배움 간판 이 지경으로 짓밟을 수가

인간 세상 어이 하려
도통 얼마나 망치려
이런 짓 꺼릴
아, 어찌 이런 일을

(2022. 10. 16.)

## 금강송 담론

솔 중의 솔 금강송이라
어찌 나무에게 천하의 명산 '금강(金剛)'을
따 주었을까

하늘 높이 미끈히 뽑아 올린
몸매 때문 아니었겠나
범상치 않은 기품(氣品) 곁들였으니

대범한 자태로 제 자리 지키며
나부대지 않는 장송 특유의 진중 청정한
정기까지 차고 넘치니

허허 그게 다 아닐 걸
멋과 정기 못지않게 땀방울 식혀줄
시원한 뫼 바람의 원천인 데야

아니 그게 아니라
속된 명리 떨치겠다 울분 안고 찾아든 이들껜
분노 가라앉히며
진정 큰사람(巨人) 되길 권했을 걸

금강이라 높인 덴
나라의 한 버팀목
대궐에 들어갈 으뜸 재목이라서니

(2022. 7. 5.)

## 젊은 할미

곱게 세월 삭히고 피어난
꽃 한 송이
진달래 립스틱 한들 진홍 철쭉 따를까

고갯길 열에서
고비 아홉은
숫자일 뿐

"아흔에도 시(詩)의 계단 오른다"
"아흔에도 불타는 시어(詩語) 태운다"

하늘 높이, 하늘 널리
꽃다운 노을로
가슴 뎁히는 너
진홍 철쭉 같은 젊은 할미여

(2022. 4. 18.)

* 李全愛 기자가 근 90에 낸 시집을 보면서

## 젊음을 노래함

초롱한 눈빛 마주치면
불같은 사랑 솟구치더라

튀는 정렬 산더미 바위 으깨는
기력과 기개로 분탕질 치는 잡것들을
말끔히 쓸어 버린다

불의 부정 말살하는 의병장(義兵將)
어디 따로 있더냐

놀이 삼아 탐색한 아이티(IT)로
한 나라 등에 지고 세계를 제패한
전사(戰士)들이다

천방지축이던 꼬마들 어느새 다 자라
신명 폭포처럼 쏟는
자유로운 영혼의 활화산이여

K. 젊음, 인생의 푸른 단락 넘치는
눈부신 족적들로
아, 영원 무궁할 거다
청청할지어다

(2022. 11. 6.)

## 무정 유감

뭐라, 홀로가 좋다고
홀로 오가는 생사 길에서
홀 아닌체 할 게 뭐냐고

고달픔에 지쳤느냐
권태냐
생존 의미 못 찾아서냐

어이 해 먼지 털 듯
온갖 끈 끊고
홀에 울 치려 드느냐

딱히 미운 정 없다면서
고운 정
왜 모르쇠더냐

별난 '무정' 챙기려는 너
질직하게
짚어볼 일이다

'정'이란 유전자로 이어오는
'사랑' 인자와
동질이란다

눈물이 웃음 울음 가리지 않듯
그건
가림 없는 '끈끈이'자 '인간 맺음새'라
하더라

(2022. 2. 4.)

# 가을 얼굴

화사함 내키지 않아
짙푸른 청록 마음에 안 들어

시름겹도록 스산한 바람
성근 갈대 헤치고
그립 사리 찾아온 너
가을아

혹심한 냉한 닥쳐오는 날 낙엽 져
꽃다운 단풍 전설 속에 묻힐
내일을 알고나 왔느냐

해걷이 앞질러 오는 너
여름내 밴 알곡
'여물이' 알차게 하려서겠지

봐라, 겨우 이르곤
이내 또 떠날 낌새

누리 덮개 단풍의 짝으로 붉게 뜬
노을 이곤
짐짓, 여문 오곡 가득 채운
가을 얼굴
더없이 흡족한 기색이어니

(2022. 10. 5.)

## 쓴맛 단맛

이봐요 근 백 년 살아온 자넨
알겠군
인생의 참맛이 어떤 건가
허허 내 어찌 살았던지
쓴맛 신맛 매운맛 떫은맛이더군
그랬구나
허나 그게 정상 아닐까
왜
단맛 꿀맛을 못 보아, 자네
서운해 하는 투인데
그것들은 본디 벌 나비들이나
빨아댈 몫 아닌가
인간이야 어찌 그 몫까지

(2022. 12. 5.)

자화상 / 늙음의 찬가 / 귀촌한 자연인에게 /
어느 노인의 오수(午睡) / 낙서 / 덤 인생 /
비창 / 가을에 세월을 / 어깨동무 /
패자의 회한 / 느티 한 그루 / 손자 친구 /
만학도 / 속세살이

제4편

윤사순 시집
자 화 상

# 자화상

일기조차 하루 되보기 귀찮아
쓰지 않던 주제에
문득 지나온 긴 세월을 짚는다
창문 열자 들이닥친 세찬 칼바람 같은
불행 맞고서 우왕좌왕 헤맨 경험은
감내 못할 질곡이었다
평생을 두고 기 눅인 고통인데야
운명 맛본 탓이었던가
철학의 길에 들었건만
내 철학이란 단 하나도 건진 게 없다
그와 관련된 교재 몇 편 만들다
눈과 귀 다 어두어졌을 뿐
무슨 바램도 이젠 사치일 거다
가벼이 비운 마음
겸허나 익힐 참이다만
쓸모없다는 구실로 티끌처럼 날린
작은 인연들이 왜 이제 와
얼결에 버린 진주처럼 안타까울까
날아드는 새 소리에 어제는 어린 날을
뒤적이더니 오늘도 마찬가지다

언뜻

집안 일손으로 먹이던 소에 다가가

침 흘리며 반추하느라 무심히 딴전 팔던

그 큰 덩치 보듬겠다고

짝사랑 같은 열정, 땀흘려 쏟던 추억을

투명하게 이는 낮 꿈으로

그린다


(2022. 12. 7.)

# 늙음의 찬가

늙음은 낡음이 결코 아닙니다
귀중한 경험이 역사관처럼
수북하니까요

늙음은 낡음이 결코 아닙니다
희귀한 지식이 도서관처럼
차곡하니까요

늙음은 낡음이 결코 아닙니다
인생의 반려자를 내 몸처럼 아끼고
생명을 낳아 인류의 명줄 기리 길러갈
예술관 같은 사랑이 넘치니까요

늙음은 낡음이 결코 아닙니다
기후 감지하는 신경망으로
먼 내일의 밝음 예보하는 기상청 같은
예리한 직관을 발휘할 줄 아니까요

늙음은 낡음이 결코 아닙니다
노여움 풀고 아쉬움 달래 더불어 함께
살 줄 아는 문화관 같은 보물의 지혜가
더 쓰이길 기다리고 있으니까요

늙음은 낡음이 결단코 아닙니다요.

(2022. 11. 1.)

## 귀촌한 자연인에게

살아가기 참 팍팍하네요
배곯던 보릿고개엔 인심만은 푸근했건만
지금은 인정이라곤 씨알조차 없는 세상입니다
모래알 인간들로 사막화된 사회랄까
한탄하는 소리 울화통 터뜨리는 고함이 누릴
진동시킵니다

온갖 잡음에 귀 막으려는 듯 벽지로 귀촌한 당신
건강히 지내시는지요
고령에 지병 잘 견뎌내실 줄 믿습니다
우거진 숲과 계절 따라 피는 꽃들 벗 삼아
'몸과 마음 돌보겠다'는 말씀 귓전에 맴돕니다

민생도 민심도 도통 읽지 못한 채
사리사욕 밝히는 정상배들 엇길이나 내며
어깃장 치는 꼴, 참 못 봐주겠단 말씀 생생합니다
벽지라고 궂은소리 새어들지 않겠습니까만
못 듣는 척 하시겠지요

언젠가 하신 말씀입니다
꽃처럼 아름답게 살긴 글렀고
남들께 보약 될 삶 또한 엄두 내지 못할지언정

산야의 '잡초'들과 어울리다가
기찬 '잡곡'이나 되면 바랄 게 없다 하신 거
해 걷이 할 참, 질경이 무리서 피어난 국활 보며
떠올린 기억입니다.

늙음을 한낱 '낡음'이길 거부한 채, '익음'마저 넘어
'보람'으로 승화시키려는 의지,
이미 그에 걸맞는 업적 이룬 당신을 존경합니다
당신은 지금 '철학하는 자연인'을 자칭하지만,
괴팍스레 꼼꼼한 이론의 '철학자'이기 보단
월등한 인격으로 달관한 '철인'임에 틀림없습니다

늘 부족함 채우지 못하고 바라만 보는 '인간 애송이'
오늘 그리움에 겨워
볼품없는 몇 마디 지껄였습니다 감사합니다

(2022. 10. 9.)

# 어느 노인의 오수(午睡)

한 점 양지 볕이
살며시 실바람 끄고
아기 같은 노인 잠을 재운다

외로워도 외로움 타지 않는 그
떨구던 욕심 아예 주머니채
뒤집어 버렸다

남은 건
그림자 사랑과
삼매경으로 통할 오수 즐김 뿐

주머니 털어
자길 버렸으니
남과 함께 아니곤 못 살아갈 노인이다

(2022. 10. 18.)

# 낙서(落書)

평생 한 짓이라곤
읽고 쓰고 짓는 거였으니
딱 글쟁이(書生) 일생이었다

떼어 쓰기, 이어 붙이기, 그게 꼭
제 생각이라야만
지음(著作)으로 통함
영 몰랐을까

글 놀음이 말(言語) 놀음으로
짚일 수 있어야
바른 글 축에 든다지만

글 아닌 글
실수하듯 졸며 떨어뜨린 글자들

어이 할까
인생 낙오자 같은
낙서(落書)였음에야

아 어이 할까

(2022. 5. 21.)

# 덤 인생

어린 날 선생님도 모르는 게 있단 말 듣고 당황한 뒤
줄곧 실망의 연속였어요
알 듯 모를 일 천지인 걸 겪곤
삶, '퍼즐 풀기'라 여겼죠

꽉 막힌 담벽
하늘에 빌어도 소용없던 건, 충격 자체
괴이였습니다

"하늘마저 모르쇠면, 내키는 대로 하리라"
딱 '덤 살이'로 굳혔죠
간단명료한 결행
'덤 인생' 운전대 잡음은
외톨의 '독립선언(獨立宣言)'이었지요

그 뒤론 분노, 슬픔, 우울 삭이기
흰죽 먹기에
자존, 자긍, 자만마저 착각의 연장
변별 없는 판세였답니다

덤 인생도 늙긴 마찬가지, 의문이 다시 고갤 들더군요
"내 인생만 굴리고, 남의 인생 결코 범하지 않았던가"
"남 해치진 않았나"
"아예 망쳐준 건 없나"

'아니'란 답 냉큼 나오질 않더군요
잘못 걸어온 길이었어요
이제 '겹덤'은 더욱 없겠고
뉘우쳐야겠는데
그르친 인생, 어디서 난 고장인지

허, 모를 일 아닌 듯
덤 살이를 굳이 '임시직(臨時職)'으로 여겨
홀대한 데서 난
고장이지

(2022. 4. 7.)

# 비창(悲唱)

방황하다 지친
나그네 아니더냐

남의 티라면 털고 털다가
홀로 선민인 체하는
가면들의 몰염치에
지칠대로 지쳐버린 무명씨일 뿐이다

고독으로 주어진 허공 같은 허무감에
생사의 무게까지 겹쳐
가위눌리는
인생임을 왜 외면하려드나

고해의 무한을 감당할 듯 나서더니
질곡 같은 비극마저
영광으로 분칠하는
거짓된 오만들이 아니길 바란다

아 오늘도 애달픈 비창(悲唱)으로
하루를 채워보는
무소유의 허허로운 속내
너만이라도
탈속한 가객(歌客)이어라

 (2022. 8. 17.)

## 가을에 세월을

단풍 눈부시게 띄우고서
가뿐히 떠나는 가을
꼭 세월 닮지 않았나요

시간 뉘도 모르게 날리며
허공 향방 없이 내닫기라니

글쎄요 계절 한 조각 가지고
세월 트집하는 건
좀 아닌 거 같네요

가을이야 단풍에 눈 팔다
놓지면
그만이지만

세월이야 거기 몸 담그고
유영하면
하나의 인생 되고

거기 터 잡고 무리 지어
문화 일구면
역사 되게 하는 걸요

겨우 한 철 취한 듯 따르다가
못내 포기하는 처지론
가을 통해
한 점 세월의 간이나 본다면
어떨까요

(2022. 10. 14.)

# 어깨동무

남과 짝지어 어우러지기
스님 '도(道) 닦기'보다
더 어렵다네요

둘이 가는 길
어깨동무에 세 발 걷기라
어긋날 때마다 '참을 인(忍)'자 숱해 쓰자니
그럴 밖에요

둘만의 만남 떠돌이 행성들의 신기한
궤도 진입이듯
마치 철 따라 마루에 기어든 햇살 같은
부친 이도 주소도 없이 배달돼 온
선물 아닐까요

어깨동무 세 발 걷기
어렵긴 해도, 남모를 묘미 진진한데야
운명 제치는 도박 삼아
어깨 맞출 친구 찾지 않고
뭘 어쩌겠냐 네요

(2022. 9. 29.)

## 패자의 회한

너, 이놈! 병균 숙주 주제에
예 어디라고 기어 나왔느냐
하필 세수 중임 알았던가
맨손 처단 피해서
집개는 고사코, 물컵뿐
어쩐다?
급박한 상황 낭비할 시간 없건만
우왕좌왕
봐라, 저놈 벌써 틈새 찾아 띈다
잽싸기 경쟁
손에 잡힌 건 막힘 뚫는 스폰칫대
불문곡직, 극형이 당연
내리쳤다
순간 감지된 불길함
어찌 됐나
보이지 않는 '시체', 허상 뿐
도망자의 승리 아닌가
불민한 단죄로
바퀴벌레 하나에 농락당한, 아
패자의 어이없는 회한이어

(2022. 9. 8.)

# 느티 한 그루

폐교 직전에 간신히 회생한 시골 모교
건물도 교문도 변하고
즐비하던 벚나무도 다 사라졌으나
느티 한 그루만 옛 자리 지킴이구나

우람한 청년이지만 나이는 이 백 넘었단다
힘껏 껴안고 올랐던 반들한 놀이터
몇 녀석이라도 업어주던 친구
세월의 한 마딜 공유한 내 인생의 반려자라

널 타던 녀석들 거의 다 세상 떠났다
머잖아 나도 그들처럼 갈 터
이별이 어찌 우리만 예외겠냐만
발길 이리 무거울 줄이야

대꾸 없는 넌들 무심할까
좋은 기억 삼아
어디, 더 거칠고 두터워진 줄기부터
높이 하늘 찌르는 네 몸 전부
시린 눈망울로 두루두루 안아나 보자

(2022. 10. 27.)

## 손자 친구

추석날 아침
기다리던 손자 들이닥쳐 인사한다
"왔구나"

초등교 짜리, 어린 티 달고 다닌다
"이 녀석 더 컸구나"
"어디 안아보자"
"한 번 더"

말없이 빙그레, 의젓해 보일 밖에
세월 당겨
친구 삼고 싶은 녀석

아니, 진작부터 나이 잊고
이심전심
마음 나누는 사이였지

(2022. 9. 11.)

## 만학도(晩學徒)

끼니 메꾸기 어려운 부모에게서
태어났다

배움터에선 밥 내음 돌리지 않아
중국식당 주방에로 향했다
고닯고 매 만나도 배는 채울 수 있었다

뼈마디 부어올랐고
허리 다리 돌아가는 세월 속에서
죽을 만큼 일한 끝에
여인 만났고 자식도 키웠다

먹을 만큼 나이 먹은 데다
삭신 말 안들어, 일손 놓았어도

밥걱정은 말끔히 떠나보냈다
지악한 아내 덕 또한
혀 차게 컸다

잔주름 패었어도 경로 어울리지 않아
되레 학동 될 용길 냈다
평생 그린 그림의 떡
짝사랑하던 교문 눈짓에 이끌려

손자뻘 친구들 선생님처럼 친절했다
이름 쓰기부터 시작해
이젠 세종대왕님께 편지도 쓸 수 있다
구구단 외워 셈법 터득하곤
내닫는 발걸음마다 바람 찬 풍선이어 늘
높다라니 떠 다닌다

인생 재탕의 참맛
아무나 알 리 없다
땅 디뎌야 사는 이들이 어찌 나는 쾌감
짐작이나 하랴

(2022. 11. 19.)

## 북한산 입산기


미리 불어온 봄바람 타고 바라본
우람한 뫼 '세 뿔(三角)'에 기겁을 하곤
인사라도 하듯 들잔다

평생 시달린 두 다리 대신
네 바퀴로 굴러가는 산행을

국립공원 위상 어쩌자고 그럴 수가
90 노모 모시는 효심이면
가능하더라

꼬불꼬불 고분 나목 길 따라
가파른 경사 다져가면, 자그만 대서문(大西門)
뫼의 서쪽 성문 지난다

덩치 바위, 덩치 결 비집고 앉은 작은 절
무량(無量)이란다 왜일까

초입서부터 압도하던 석조 대관(石彫大觀)
열고 드려다 본 게 만경(萬景) 넘으니
무량일 수밖에

겹겹이 바위 틈새마다 뿌리 내린 나무들
가지에 물 오를 준비로 바쁜 건
만경에 더한 신비다

섣불리 굴러온 입산이 멋쩍다만
꽃피는 날 기약할 수 없으니 아쉬움만 남긴 채
되돌릴 판

입춘인 내일에 하루 더 하면 '대보름'이란다
보름 '달' 높직이 띄운 북한산 경관, 참 그건
또 어떤 장관일까

(2023. 2. 3.)

*무량(無量) 의미는 많아서 헤아릴 수 없음이지만, 비유로는 '공허(空虛)'를 가리키고, 특히 불교에서는 불멸 불사하는 극락의 '아미타여래불(阿彌陀如來佛)' 곧 '무량수불(無量壽佛)'을 가리킨다. 여기선 필자 나름 이를 '만경(萬景) 이상', '무한경(無限景)' 뜻으로 사용해 보았다.

# 뒷 말

-지은이의 말

　시(詩) 쓰기에 중독성이 있는 것 같다. 시어 구사가 마음먹은 대로 될 때 끌어당기는 묘미(妙味) 같은 매력이 그것이다. 필자 같은 얼치기가 시 쓰길 포기하지 못하는 까닭이이기도 하다.

　언제는 '공부 삼아' 쓴다고 하지 않았던가? 그렇다. 그것도 거짓 아닌 참이다. 매력은 뒤늦게 얻은 느낌이고, 공부(工夫)가 더 먼저 낸 구실이었다. 해명할 근거는 있다.

　애당초 시어 구상에서부터 떠올리는 생각이 대개 곧장 시로 되지 않아 다듬게 된다. 그 다듬질 할 때 일정한 '마음먹기'가 요구되기 마련이다. 마음을 바로 하지 않으면, 시가 제대로 되지 않기 일쑤다. 그 마음 바로 하기가 곧 '마음공부' 아니고 무엇인가? 시 쓰기가 '수양 공부의 하나'라는 주장이 나오는 근거이다.

　이래저래 시 쓰기로 허비한 세월이 만 5년, 이제 6년 차인 셈이다. 지난 한 해 동안 꾸려낸 자취, 그야말로 나름의 중독성에 끌려 거둔 수확을, 방구석에 버려 둘 수 없어 이렇게 묶었다.

× × ×

언젠가 밝혔듯이, 필자는 '시'를 '대화의 창'으로 이용한다. 딴엔 여과하고 정제한 언어지만, 떠오르는 데로 쓰다 보니, 쌓인 뭉치는 조잡한 '잡동산이'다. 그래 뭉치를 네 편으로 나누었다. 대체로 글의 성격에 따른 나눔이다.

첫째 편(상사화)은 들뜨는 봄바람을 적기도 했지만, 주로 '아름다움(美)'에 대한 느낌의 글들이다. 아름다움에서는 꽃보다 더한 것을 찾기 어렵지 않을까? 꽃 이야기를 노래한 사례가 많아진 까닭이다. 다만 꽃 가운데서도 「상사화」를 꼽은 건 그에 얽힌 사연 탓이었을 거다. 사연은 이미 시의 행간에 나와 있는 줄 안다.

두째 편(하늘바라기)엔 '마음공부의 기초'가 될 성싶은 것, 곧 수시로 이는 필자 '자신에 대한 성찰'을 묶었다. 다른 편에서도 필자의 '나'에 대한 이야기를 비쳤지만, 이 편의 것이 비교적 '객관화 된 나'라 할 수 있다. 이것이 소제를 「하늘바라기」로 뽑은 배경이다. 필자의 본업에 대한 자의식(自意識)이 더러 드러났을 거다.

셋째 편(속세살이)에선 우리의 사회 공동체 생활에 필요한 예지를 추구하려 했다. 소제의 「속세살이」를 통해 '정의(正義)'를 그려보고, 「삼각산을 바라보며」에서 민족의 소원을 읊조린 게 그런 종류다.

넷째 편(자화상)은 시화한 일상적 근황이다. 지난 세월을 돌아보며 반성하는 글도 있지만 엄정한 성찰은 아니다. 덤 같은 인생살이에서 그 '덤의 소중함'을 필자는 자주 잊었었다. 좋지 않은 버릇이었다. 조심성 없이 노래했고 지금도 하고 있지만, 이것은 그러는 중에서도 제법 고민 끝에 자신을 경계하는 뜻에서 쓴 '자경문(自警文)'들이라 여겨주면 고맙겠다.

× × ×

네 편을 각각 되뇌겠다. 떡국 먹으면서 함께 나이 삼키는 멋쩍음을 되레 떡국 떡 모양과 맛으로 분칠해보았다. 본래 바람 든 「봄 내음」은 없애려다가 계절로 보아 이어 붙였다.

".... / 숟갈 모양과 어울릴 / 살짝 기우러진 동그라미 / 떡국 떡 / 어려서부터 늘 / 입안 맴도는 / 맛의 고향이지 / 야릇하고도 매끄럽게 / 입맛 돋구는 너 / 새해 아침 / 멋쩍게 먹는 나이가 되레 / 무색해지누나"(「떡국 먹는 아침에」)

"가파도 마라도 탈 없이 제일 먼저 / 봄 내음 잡아놓는 탐라 / 지금쯤 그 바람 그 모습일 듯 / 보고프다 / 코로나 없은 미세먼지 그리움 가리는 / 삼한사미(三寒四微) 속에서 / 세한도(歲寒圖) 그릴망정 / 뜨는 발길 / 늘 원심력보다 구심력 편이다 / 달력에 매인 삶이 가장 문제지만 / 딸린 것들 떼어놓고 떠나기도 / 돌 짝에 발 뽈 채인 아픔

참기만큼 / 어려운 일이다 / 해도, 만에 하나 / 로또 터뜨릴 행운으로 / 여친 하나쯤 동행해준다면야 / 탐라보다 더 먼 덴들 / 새 향기 '봄내'만큼 좋은 구실 / 또 있을까"(「봄내음」)

 예의 아름다움을 짚자니 '꽃'이 제일 먼저 떠올랐지만, 아름다운 것이 어찌 꽃뿐이겠나! 다른 것들도 많음은 물론이다. 필자 자신이 이 책에서 늦가을의 '은행잎 낙엽'과 '홍시', 그리고 겨울날의 하-얗게 쌓인 '함박 눈' 꼽은 사실로도 그 점은 의심할 여지가 없다. 다만 꽃이라 해도 아름다움과 함께 이는 필자와의 어떤 '사연' 때문에 눈에 든 것이 적지 않았다. 외로움을 덜어주는 것과의 대화들이 그런 예이다.

 "티비 꺼져있 듯 / 사람 소리 없는 거실 / .... / 음달이라야 산다는 / 흰나리 화분에선 막 / 꽃송이 하나 환한 웃음으로 / 기린의 목 치레했다 / 사랑한다는 말 모르는 사람 '곱다'는 말인들 / 굴리겠나 / 엷은 시선으로 보내는 / 마음의 소리뿐 / "니도 홀이더냐" / "안 됐구나" / "옌 벌 나비마저 없는 데란다"(「꽃과의 대화」)

 "햇살 펴는 맑은 아침 / 이슬 얹은 나팔꽃 / 담장 넘누나 / ... / 이슬 마르기 전 / 꽃잎 접으려는 짓 / 수줍음 타서냐 / 잠시의 햇살 받이로 행복 다해서더냐 / 무심한 숨결에 깃든 네 진홍의 / 나팔 소리 / 알아듣지 못하는 마음의 / 아픔일줄이야 / 꽃다이 피었다 / 꽃다이 지는 / 너의 단아함에서 인 / 고향길 아련한 추억은 / 네 고마운 선물이었다"
(「나팔꽃」)

여기서 '단아'가 나왔듯이, 아름다움에 버금가는 것들 또한 알아주지 않으면 하나의 실수라 할 것이다. '곱살한 맵시' 같은 예가 그런 것일 듯.

"단풍 겨운 늦가을 / 금빛 고아한 은행잎 정취가 / 길손의 눈길 모은다 / … / 우람한 몸체 떠나는 / 이별의 순간에도 / 매끄러운 윤기 잃지 않는 / 이파리들 / 향기로운 너희 / 곱살한 맵시가 / 꼬리 짧은 가을의 품위를 한결 / 돋뵈도록 추켜 주누나"(「은행잎 낙엽」)

버금가는 아름다움 실례 또한 어디 한 둘이겠나! '고움' '아릿따움' 등 헤일 수 없게 많을 것 같다. 그런데 이런 것들은 보기에 따라 아름다움의 특성 또는 속성 같은 것이 아닐까? 속성이라면 눈에 띄지 않는, 이를테면 슬픔과 반대되는 '기쁨', 이른바 '환희(歡喜)' 따위도 들 것이다. 이 단락(상사화)에 베토벤의 음율 환희를 꽃들에 기대어 써넣은 뜻이 이런 데 있다.

"계절 내음에 눈 뜬 꽃송이 / 고운 색에 향기 더할 / 꿈 꾸었나 / … / 청력 잃은 악성(樂聖) 시로 쓰인 '환희'의 세계를 / 음률로 새기더니 / 음률 지금 / 화사한 꽃잎 사이

사이로 / 굽이친다 / 굽이치는 흔들림에 / 시인도 감긴 눈 하고 / 몸짓 / 한껏 어르누나"(「꽃들의 환희」)

미루고 있던 본래의 꽃 -상사화- 얘기나 하자. 상사화가 제일 아름답다고 생각했느냐는 물음이 나올 법하다. 글쎄다. 꼭 그런 것 같진 않다. 하지만 잡힐 듯하다가 놓진 고기가 어떻다고 하지 않던가? 행간에 다 노출된 일이다.

"꽃이 스스로 꽃인 줄 알면 / 고운대로 / 잠들 수 있을까 / … / 그리움은 가물가물 추억으로 / 꾸려내는 / 전설이련가 / 밤사이 활짝 핀 새 하얀 꽃무릇에 / 님의 얼굴 담길 줄 / 난 / 왜 몰랐을까"(「상사화」)

×　　　×　　　×

둘째 편(하늘바라기)이다. 님을 향한 정 못지않은 것이 '어머니'에 대한 정(母情)일 것이다. 오히려 어려서부터 익힌 정이라 꼬부라지게 늙어서도 어머니를 떠올리면 눈시울 적시는 어린이로 되니 참 대단한 정이다. 그래 초교 3년짜리 '철이'를 등장시켜 보았다. 학교를 마치고 귀가한 꼬마 철이가 엄마를 찾는 모습 말이다. 독자들의 어린 시절이기도 할 듯하다. 뒷전에서 시치미만 뗄 수 없어 필자 자신의 심정 또한 함께 밝힌 작품이 그 다음 글이다. 셋째 글은 보시면 다 아실 그러나 필자는 까닭 모를 내용이다.

"초교 3년짜리 철이 / 숙제 무겁게 안고 짝꿍과 헤어져 / 아파트 문 열며 목마른 소리로 / "엄마" 했으나 / 대답 없다 / 거실 주방 어디에도 안 뵌다 / 간 곳은 궁금치 않다 / "왜 말 없이 지금 여기 없냐"가 / 문제다 / 누나의 조롱 따돌리려 급히 뒤돌아섰지만 / 눈시울엔 어느새 훔친 / 물 자욱이 / 슬픔처럼 역력하다"(「철이의 엄마생각」)

"가뭄 끝에 내리는 비 / 반갑다만 엿새째면 장마다 / 부슬비였다가 장대비 / 멈추다가 다시 내리는 / 변주곡 연출 / ..... / 아 퍼붓듯 쏟아지는 폭우마저 / 작은 치마 한 폭으로 가려주느라 / 함께 떨던 여인 / 꾸러기의 젖은 빗물 / 살갗 닳도록 닦아내던 / 볼멘 아낙 / 아프다는 녀석 그리 미워서였나 / 그칠 줄 모르고 내리는 빗줄 / 줄기 따라 꾸는 한 아름 / 꿈이 / 눈물처럼 서럽다"(「빗물 따라 꾸는 꿈」)

"종일 달구질로 볶는 날씨조차 모를 / 잇단 재채기, 등판 오싹하는 '콧바람' / 어느 틈새로 닥쳤나 / .... / 탁한 두통에 일손 다 놓고야 / 하안거(夏安居) 차렌 줄 / 알겠더라 / 겨우 두 날을 못 참고 / 더듬어리 쓰는 버릇 / 뜬구름 머물듯 갈 곳 없는 손편지다 / 몇자 적었지만, '그리움' 눈 가려 / 바람 따라 떠돌다 / 무심결에 사라질 사연 / 왜 이럴까 / 아서라 그만둘 일이다 / 면벽 파기한 선승(禪僧)의 탈선이려니"(「무심결에 쓴 손편지」)

추억도 외로울 때 더 심해진다. 외로움은 인간의 자기 발

견에서 나오는 분비물인가 보다. 자기 발견, 자기 자각이 결국 '자기의 독립'에 다름 아닐 것. 이런 가운데 외로움을 극복하려다가 달래고 아예 친구 삼는다. 코로나19로 해서 집콕 방콕을 몇 해나 하자니, 더욱이 직업이 철학이다 보니, 마치 선승(禪僧)의 선정(禪定) 또는 노장(老莊)의 좌망(坐忘) 같은 몸짓에 든다. '하늘바라기'의 일종의 수양법인 셈이다. 특히 국보인 반가(半跏) 사유상(思惟像)에 기댄 것은 좀 민망한 느낌이다. 실례가 아니길 바란다.

"무더위 아직 발치서 맴돈다 / ... / 햇님 또한 고요에 휘감겨 / 졸고 있다 / 움직이는 그림, 구름에 빠진 / '하늘바라기' / 열린 하늘 푸름에 눈길 보내듯 / 허공에 나를 던진다 / 선 채로 굳어진 / 입상(立像) / 반가(半跏) 사유상(思惟像)과 / 닮은 데가 있다"(「하늘바라기」)

"하고많은 세월 나이테에 / 넘긴 인생 / 노자가 따로 없다 / .... / 혼밥 혼잠 익힌 홑몸 / 몇 년째 집콕에 방콕이니 / 딱 면벽(面壁) 간화선(看話禪) / 차례다 / 속셈이야 구름 따르는 떠돌이여 / 눈길 늘 창밖에 두지만 / 구름마저 온 하늘 / 가린다 / 차례 따라 뭐 하겠나 / 오직 / 묵언(默言) 좌망(坐忘)으로 / 족할 거다"(「노자의 좌망」)

× × ×

    셋째 편(속세살이)에서는 이름 그대로 남과 더불어 사는 삶에서 느끼고 고민한 내용을 담았다. 구체적인 사례나 들겠다. 먼저 들 것은 부정 부패로 얼룩진 혼탁의 척결이다. 방법이 많겠지만, 필자는 '윤리 측면'에서 우리 마음의 거짓 없는 '투명(透明)'을 높이 산다.

> "하늘 푸름이 투명의 높이고 / 바다 푸름 투명의 깊이다 / 두 투명에 걸친 인간아 / .... / 바람처럼 허허로이 비어 빛나고 / 물결처럼 채워진 멋에 춤추는 / 치장 없이 절로 된 투명이라야 / 푸르러질 터 / 끊일 듯 끊이지 않고 면면히 울려오는 소리 / 투명을 푸름 넘치도록 채우는 역사 / 역사의 소리 언제야 울릴까"(「투명하게 번지는 소리」)

    윤리 측면으로 우리 사회에서 또 문제인 것은 '정의(正義)' 의식이 매우 희박하다는 점이다. 공(公)과 사(私) 분별의 희박에서 비롯되는 현상이다. 인정에 얽매어 사사로운 개인 사이의 측은해하는 '인(仁)'과 공인의 태도로 행해야 할 '의(義)'를 엄별하지 못하는 경향이 그것이다.

> "햇살이 숲 사이 헤매는 산속 / 자연인 길(道) 닦고프단다 / ... / 하면, '길 닦기' 한 번 해보세나 / 오해 갈등 없애자면 그 씨앗 / 백지 마음, 아니 백마저 날린 / 투명한 마음이어

야 / .... / 목숨줄에 달린 욕심이라면 모르되 / '넘치지 말고 모자라지도 않고' / '상하좌우 어디로도 기울지 않는' / 공정(公正)한 마음가짐이면야 / 공정은 '의(義)'로도 통하니 / 참 공정이란 하나의 '빈 마음(空心) / 빈마음은 '투명'이고 / 무욕(無慾)이자 '바른 길'인 셈 / ...."(「속세살이」)

우리 현실에서 가장 심각한 것은 '이념의 분열 대립'이다. 자유 평등은 겸용해야하고 그리할 수 있겠으나, 우리가 그렇게 하지 못함은 민족의 불행이다. 헌데 '정치 측면'에서 남과 북에서 표방하는 목표로 일치하는 점이 하나 있다. 다름 아닌 '민주주의'이다. 거기에 역점으로 덧붙인 사유가 갈림길 노릇을 할 뿐이다. 필자가 늘 민주주의 자체에 초점을 두는 까닭이다. 어설피 뇐 한 수가 찾아진다.

"어둠이 내려야 뜨는 별처럼 / 빛나도 뜨겁지 않은 반딧불처럼 / 실없이 살다 늙었다만 / 민주의 대척, 독재는 거부해왔다 / 독선 독단에 맞서며 / 공론 공화 협치 지향에로 / 발걸음 함께 했다 / .... / 인간임 스스로 부끄럽지 않게 할 / 인간성 회복 / 아무리 어렵다 한들 / 발등에 떨어진 불인데야"(「발등에 떨어진 불」)

민주주의로 상징되는 정치 현실의 논의 종착점은 결국 숙원인 '통일'에로 귀착되지 않을 수 없다. 필자 같은 서생(書生)이야 참으로 힘에 부치는 바람이다만, 바람조차 못할 까닭이야 있겠나. 해서 쓴 것이 「삼각산을 바라보며」이고 「새 아침」이다. 앞 글이나 떠올려보겠다.

"북한산이더냐 삼각산이더냐 / 화려해 일컫는 / 화산(華山)까지 더하면 '셋으로 뜬 하나'구나 / .... / 만경대(萬景臺)엔 / 나라 둘러보는, 국망(國望)의 눈 지녔거늘 / .... / 뿔 셋 하나로 어우러지듯 / 남과 북, 백두와 한라 / '하나로 어울릴' 그날 / 어여 당기자면 / 너와 상관없는 일이라 하진 않겠지 / "다시 보는 삼각산야" / 기적 같은 그 큰 소망 / 안타까이 손 모으기 시작한 게 / 언제부터더냐 / 너-무 길어지누나 / 이럴 게 아님 / 넌들 어이 모르겠냐만"(「삼각산을 바라보며」)

네째 편(자화상) 차례다. 서두에 밝혔듯이, 이는 필자의 근황인 셈이다. 더 밝히자면 삶에 대한 성찰까진 아니고, 덤으로 산다면서 지내온 날을 돌아보며 자신을 경계한 '자경문' 정도이다. 따지자면 이런 것들 또한 '자화상의 일부'가 아닐 수 없다. 굳이 「자화상」을 표출하지 않는 이유이기도 하다. 덤 살이부터 손에 잡힌다.

"어린 날 선생님도 모르는 게 있단 말 듣고 당황한 뒤 / 줄곧 실망의 연속이었어요 / ... / 꽉 막힌 담벽 / 하늘에 빌어도 소용없던 건, 충격 자체 / 괴이였습니다 / "하늘마저 모르쇠면, 내키는 대로 하리라" / 딱 '덤 살이'로 굳쳤죠 / 간단 명료한 결행 / '덤 인생' 운전대 잡음은 / 외톨의 독립선언(獨立宣言)이었지요 / 그 뒤론 분노, 슬픔, 우울 삭이기 / 흰죽 먹기에 / 자존, 자긍, 자만마저 착각의 연장 / 변별 없는 판세였답니다 / ... / 잘못 걸어온 길이었어요 / 이제 겹덤은 더욱 없겠고 / 뉘우쳐야겠는데 / 그르친 인생, 어디서 난 고장인지 / 허, 모를 일 아닌 듯 / 덤 살이를 굳이 '임시직(臨時職)'으로 여겨 / 홀대한 데서 난 / 고장이지" (「덤 인생」)

필자는 속으로만 귀촌을 오래 전부터 바래왔다. 그러면서도 결행하지 못하고 서울 생활로 이어온다. 그래 가상의 친구, 자연인을 내세워 읊어 보았다.

".... / 온갖 잡음에 귀 막으려는 듯 벽지로 귀촌한 당신 / 건강히 지내시는지요 / .... / 언젠가 하신 말씀입니다 / 꽃처럼 아름답게 살긴 글렀고 / 남들에게 보약 될 삶 또한 엄두 내지 못할지언정 / 산야의 '잡초'들과 어울리다가 / 기찬 '잡곡'이나 되면 바랄 게 없다 하신 거 / 해 걷이 할 참, 질경이 무리서 피어난 국활 보며 / 떠올린 기억입니다 / 늙음을 한낱 '낡음'이길 거부찬 채, '익음'마저 넘어 / '보람'으로 승화시키려는 의지, 이미 그에 걸맞는 업적 이룬 / 당신을 존경합니다 / 당신은 지금 '철학 하는 자연인'을 자칭하지만, 괴팍스레 / 꼼꼼한 이론의 '철학자'이기 보단 월등한 인격으로 달관한 '철인'임에 틀림없습니다 / 늘 부족함 채우지 못하고 바라만 보는 '인간 애송이' / 오늘 그리움에 겨워 / 볼품없는 몇 마디 지껄였습니다 감사합니다"(「귀촌한 자연인에게」)

그러다 보니 필자의 근황을 제일 끝 차례에 달게 되었다. 묶음 전체가 신통치 못함에 스스로 부끄러움을 느낄 따름이다.

"방황하다 지친 / 나그네 아니더냐 / 남의 티라면 털고 털다가 / 홀로 선민인 체하는 / 가면들의 몰염치에 / 지칠대로 지쳐버린 무명씨일 뿐이다 / ..... / 아 오늘도 애닳은 비창(悲唱)으로 / 하루를 채워보는 / 무소유의 허허로운 속내 / 너만이라도 / 탈속한 가객(歌客)이어라"(「비창」)

"한 점 양지 볕이 / 살며시 실바람 끄고 / 아기 같은 노인 잠을 재운다 / 외로워도 외로움 타지 않는 그 / 떨구던 욕심 아예 주머닐 / 뒤집어 버렸다 / 남은 건 / 그림자 사랑과 / 삼매경으로 통할 오수 즐김 뿐 / 주머니 털어 / 자길 버렸으니 / 남과 함께 아니곤 못 살아갈 노인이다"(「어느 노인의 오수(午睡)」)

## 윤사순 (尹絲淳)

- 1936년 출생
- 고려대학교 철학과 및 동대학원 졸업(철학박사).
- 고려대학교 철학과 교수
- 한국공자학회장, 한국동양철학회장, 한국철학회장, 국제유교연합회(북경 소재) 부회장, 율곡연구원 이사장 역임
- 현 고려대학교 명예교수, 중국사회과학원 명예교수 중국 곡부사범대학 객원교수, 대한민국학술원 회원,

**저서**  《퇴계철학의 연구》(국문, 영문판)
《한국유학논구》(국문, 중문판)
《한국유학사》(국문, 중문판)
《한국의 유학사상》(국문, 영문판)
《한국의 성리학과 실학》,《한국유학사상론》
《신실학 사상론》,《조선시대 성리학의 연구》,《조선, 도덕의 성찰》
《동양사상과 한국사상》,《유학의 현대적 가용성 탐구》
《실학의 철학적 특성》,《유학자의 성찰》,《우리사상 100년》 그리고 지난해 간행한 《한국철학 사상사》가 있음.

**역서**  《퇴계선집》,《석담일기》.

**시집**  1집《길벗》, 2집《선비》, 3집《광부》, 4집《행복의 얼굴》.

**편서**  《자료와 해설, 한국의 철학사상》(국문, 영문판)
《한국의 사상》,《사단칠정론》(국문, 중문판),《인성물성론》
《도설로 보는 한국유학》,《실학의 철학》
《조선유학의 자연철학》,《신실학의 탐구》 등.

**논문**  "퇴계의 가치관에 관한 연구"(박사학위논문)를 비롯하여 약 2백편.

## 어느 학인의 자화상

| | |
|---|---|
| **인　쇄** | 2023년 2월 24일 |
| **발　행** | 2023년 3월  3일 |
| **지은이** | 윤사순 |
| **발 행 처** | 유림플러스 (유림문화사) |
| **발 행 인** | 황경숙 / 김유원 |
| **등　록** | 제8-15호 (1970.8.16) |
| **주　소** | (02837) 서울시 성북구 선잠로 3길 1-6 |
| **전　화** | 02-747-8447　**팩스** 02-766-8449 |
| **휴대전화** | 010-5336-4542 |
| **전자우편** | uwk65@hanmail.net |
| **편집·인쇄** | 한림원(주) http://www.hanrimwon.com |

ISBN • 978-89-7053-809-9 [03810]　₩10,000

* 이 책의 무단 전재 또는 복제를 금합니다.